Chocolate Vampire

5

Kyoko Kumagai

Chocolate Vampire

Was ist »Article Blood«?

Bei diesem Blutsvertrag tauschen ein Vampir und ein Mensch etwas Blut aus. Daraufhin kann der Vampir nur noch das Blut dieses Menschen trinken und der Mensch kann keinem anderen Vampir sein Blut geben.

Was ist ein Blutrausch?

Ein Vampir läuft Amok, wenn er zu wenig Blut getrunken hat. Passiert besonders oft bei Vollmond.

Die Shirogane-Vampirgeschwister

Himari
Chiyos leibliche Schwester, die aus den Fängen der Familie Shirogane befreit wurde.

Die Kagarizuki-Vampirbrüder

Chiyo Misaki
(1. Jahr der Highschool)
Ihre Eltern wurden von einem Vampir getötet, als sie noch klein war.

Inhalt

Chiyo hat als Kind mit dem Vampir Setsu den Blutspakt »Article Blood« geschlossen, der sie fortan aneinander bindet. Doch seit Chiyo mit ansehen musste, wie ihre Eltern von einem Vampir getötet wurden, ist sie Vampiren gegenüber misstrauisch geworden. Auf der Highschool schließt sie sich der Campus-Sicherheitstruppe an, die gegen wild gewordene Vampire kämpft.

Chiyo kennt nun die grausame Wahrheit über ihre Herkunft: Zusammen mit ihren Geschwistern wurde sie als Kind von der Vampirfamilie Shirogane als Futter gehalten. Sie wurde von ihren zukünftigen Adoptiveltern gerettet, wofür diese mit ihrem Leben bezahlen mussten. Zusammen mit Setsu schafft es Chiyo, ihre kleine Schwester »Nummer Sechs« aus den Fängen der Shiroganes zu befreien. Sie gibt ihr den Namen »Himari« und verspricht ihr, von nun an immer für sie da zu sein. Doch die Shiroganes geben nicht auf: Sie bringen auf dem Kagarizuki-Campus gepanschte Schokolade in Umlauf, die Vampire in einen Blutrausch versetzt. Auch Rin und Raika hat es offenbar erwischt …

Kapitel 24

Am Abend vor dem Vollmond ...
はぐっ
Schling
がつ
Happs
がつ
Happs
はぐ
Schling
はぐ
Schling

Noch mehr Fleisch!
...
Träum
Kau Kau
Puuh ...

Rin, Setsu ...
Was habt ihr denn? Geht's euch nicht gut?
Äh, nein, Mutti ...
Alles okay!
Hmm ...
Ich glaub, ich leide an Blutarmut.
Haah ...
Chiyo ist dauernd beschäftigt, weil die Sicherheitstruppe plötzlich so oft ausrücken muss.
Und mich lässt sie dabei verdursten.

So ein Blutspakt ist echt eine ganz schöne Quälerei.
Für mich wär das nix. Ich könnte mich nie so lange gedulden.
Wie wär's, wenn du lieber etwas mehr auf die Qualität des Blutes achten würdest und nicht nur auf die Menge, Raika?
Hä, wieso das denn? Blut schmeckt doch immer.
…
Am liebsten würde ich sogar noch mehr trinken können!
Genau! Ihr müsstet mich mal sehen!

ぱあああっ
Strahl
Plötzlich kann ich extrem viel trinken! Zehnmal so viel wie früher!!
Und die Mädels freuen sich darüber! Ist das nicht der Wahnsinn?!
Was es alles gibt!

Uärgs, mir wird schlecht. Wie kriegst du das Blut von so wahllos vielen Mädels bloß runter?
Suchst du Streit, Setsu?
Hm?!
Haah ...
Man kann auch zu positiv drauf sein. Warum merkt er nicht, dass das seltsam ist?
Ruck
Okay, Leute, ich geh mir meinen Nachtisch suchen! ♡
Bis später.
Raika!
Komm morgen nach der Schule bitte direkt nach Hause, ja?
Und bring auf keinen Fall Mädchen mit!

Okay, geht klar!
?
Und du, Setsu ...
... komm bitte zusammen mit Chiyo-chan, ja?

Am Tag des Voll-monds ...
Okay ...
Kasumi! Ich hab doch gleich gemerkt, dass er gestern irgendwie komisch drauf war!
Hat er etwa gewusst, dass das mit Raika passie-ren würde?!
Uuh ...

Uuh …
Uuh …
Chiyo!
Deine Waffe ist unsere einzige Chance, ihn bewegungsunfähig zu machen!
Ich weiß!

Pack
Kyah ...!
Wir dürfen ihn nicht nach draußen lassen!

Swusch
Zieh
Blamm
Blamm
Zuck
Zuck

Begrüßung

Guten Tag! Ich bin's, Kyoko Kumagai! Vielen Dank, dass ihr auch in Band fünf von *ChocoVamp* hineinschaut!

Es ist genau ein Jahr her, dass Band eins in die Läden kam, und schon sind wir bei Band fünf angelangt! Die Zeit verging wirklich wie im Flug!! Mittlerweile waren sowohl die Kagarizuki-Brüder als auch Chiyo jeweils einmal auf dem Cover, deshalb zerbreche ich mir gerade ernsthaft den Kopf darüber, wer auf das Titelbild von Band sechs kommen soll. Vielleicht Himari, oder lieber Setsu oder Chiyo als Kind? Die Shirogane-Geschwister hebe ich mir lieber noch ein wenig auf, bis sie etwas häufiger aufgetaucht sind. (Lach)

Bitte lasst mich eure Meinungen hören!

Kyaaaaah!

Schleuder

Was ...?!
Klack
Dosch
Krschhh

Zusch
Leck

Kick
Typisch Raika!
Selbst im Blutrausch benutzt du noch dieselben Angriffsmuster!

Badadamm
Bröckel
Bröckel
Die bringen noch das Haus zum Einsturz ...
Klirr
Kracks
Kracks
Knarz

Tapp
Egal ...
Ich muss erst mal ihre Blutung stillen!
Sicker Sicker
Grwaaaah!
Tapp
Du bleibst schön hier!

Heb
!
Ich kümmere mich um das Mädchen.
Unterstütz du lieber Setsu im Kampf gegen Raika.
Dieses Messer hier hab ich aus meinem Blut angefertigt.
Du kannst es benutzen, wenn du magst.
Nick

Klack
Hn ...!
Hah ...

Knarz
Kyah!
K...K... Kasumi-sama?!
Psst!
Ich heile nur deine Wunde, also halt schön deinen Mund.
Stups

Saug
Leck
Uh ...!

Lächel
Fühlt sich das gut an?
Braves Mädchen.
Dann lecke ich dich zur Belohnung jetzt noch schön sauber.
Leck
Leck
...!

Ihr Blut ist ungenießbar.
Mir wird richtig übel davon.
Haah ...
Erzähl niemandem davon, was heute in diesem Haus passiert ist.
Das bleibt unser Geheimnis, klar?

Ich hol dir noch schnell eine neue Uniform. Bleib hier und schlaf ein bisschen.
Jawohl ...
Schmacht
Wisch
Also dann ...
Kracks
Blamm
Kracks
Rumms
Blamm

Krschhhh
Dosch

Tapp
Uh ...
Haah ...
Haah ...
Yesss! Das war ... spitze ... Chiyo!!
Keuch
Keuch
Raika, der Blödmann ...
Seine Angriffe sind zwar leicht zu durchschauen, aber er hat unglaublich viel Kraft und Ausdauer ...!
Hust
Hust
Ein Glück ...

Rin-
kuns
Zimmer
...

Was ...?!
Wo ist Rin-kun?!
Wie hat er die Fußfessel aufbekommen?!
Tut mir leid ...
... Chiyo-chan.
Ich muss leider darauf bestehen, dass du dich für die Familie Kagari-zuki opferst.

Herzlichen Glückwunsch!
50 Jahre Sho-Comi!!
Free Page ①
2018 ist das Jahr von Der purpurne Fächer & ChocoVamp!!
Ryo & Miku
■ Wer mir auf Twitter folgt oder regelmäßig die Sho-Comi liest, weiß schon Bescheid! Genau! Es wird ein völlig neues Bonuskapitel zu Der purpurne Fächer geben! Anlässlich des 50. Jubiläums der Sho-Comi wird dieses Jahr eine Hitserie nach der anderen noch einmal für ein kurzes Revival ins Magazin zurückgeholt! Und ich bin mit Der purpurne Fächer vertreten!
■ Das Kapitel wird in Ausgabe 11 enthalten sein, die am 2. Mai 2018 erscheint!
(Fortsetzung auf Free Page ② →)
Dräng
Dräng
Komm, Chiyo! Lass uns die gleiche Pose einnehmen!
Das könnte dir so passen!

Kapitel 25

Wie ...
... hat Rin-kun die Fußfessel auf-bekommen?!

Kasumi-san hat sie ihm doch extra angelegt ...
... damit er in seinem Blutrausch nicht fliehen kann.
Klirr
Schreck
Krall

Kratz
Kratz
Uuh ...
Rin-kun!
Hinter der Tür ist Kasumi-sans Zimmer.
Er riecht offenbar das Blut des Mädchens.

Dodomm
Dodomm
Ich kann nur hoffen ...
... dass er vorhin irgendwie verwirrt war.
Vampire greifen normalerweise keine Menschen an, die einen Blutspakt geschlossen haben ...
... selbst dann nicht, wenn sie im Blutrausch sind.

Vampire fühlen sich instinktiv vom Blut des Menschen angezogen ...
... den sie lieben.
Aber ...
... in seltenen Fällen kommt es vor, dass sie auch diesen letzten Funken Selbstkontrolle verlieren.
Sobald sie es sehen ...
... können sie ihr Verlangen danach nicht mehr unterdrücken. Sie müssen es einfach trinken.

Klack
Jetzt ist nicht der richtige Augenblick, sich über solche Dinge Gedanken zu machen.
Solange er mein Blut nicht sieht, habe ich nichts zu befürchten.
Ich muss ihn nur schnell bewegungsunfähig machen. In seinem eigenen Interesse!
Zitter

Chiyo?
?!
Sshht
Chiyo! Wirf das Messer weg!!

Ratsch

Blamm
?!
Tsching
Mist ...!

Lächel

Taumel
Schreck
Was ...?!
Rin ...!

Warum ...
... hat das Messer, das Kasumi mir gegeben hat ...
Sicker
Was hat das zu bedeuten?!

Chiyo! Komm zu mir!
Ich heil deine Wun-de!
Swusch
Tapp
Kracks
Kracks
Kracks
Kracks

Die Beilage in der *Sho-Comi* Nr. 5!

Ausgabe 5/2018 der *Sho-Comi* wird ein Pencilboard zu *ChocoVamp* beiliegen! ♡ Ich hab mir sowohl beim Design als auch bei der Pose und der Farbwahl besonders viel Mühe gegeben. Ich hoffe, auch die Leser, die eigentlich nur die Taschenbücher lesen, schlagen dieses Mal ausnahmsweise zu! ✧

Das Magazin erscheint am 5. Februar 2018!

Holt's euch! ♡

Hn ...
Rupf
Rupf
Rupf
Rupf
Hä?!

Wirbel
Pling
Tsching
Blamm
Blamm
Blamm
Blamm
Er ist zu schnell!

Wupp

Britzel

Sitz!

?!

Fump

Sshht

Kricks

Kracks

Klack
Rin!
Chiyo be-
kommst du
nicht!

Tut mir
leid ...
Dosch

Hng!
?!
Schleuder
Badamm

Setsu!

Uh ...

Blamm

Blamm Blamm

Mist!

Hepp

Hast du uns etwa die ganze Zeit verarscht, indem du einen auf Schwächling gemacht hast?!

Rin, verdammt!

Wie geschickt du auf einmal kämpfen kannst!

Dosch
Wie hast du dich überhaupt von deiner Fußfessel befreit?!
Sag bloß, du hast dich von selbst losgerissen?!
Nein, das hat er nicht!
Ich hab die Fessel gesehen!

Es scheint,
als wäre sie auf-
gegangen!
Auf...
...gegan-
gen ...?

»Und du, Setsu, komm bitte zusammen mit Chiyo-chan, ja?«
Ssht
Ratsch

Tapp
Wirbel
Hat er ...
... das hier etwa ...
... von Anfang an geplant ...?!
Wumms
Kasumiiii!!

Zitter
Zitter
Zitter
Splosch

Sprotz
Setsu!
Renn weg!!
?!
Blamm
Blamm
Tapp

Swusch
Krack
Du darfst ihr Blut nicht trinken, Rin!
Das ist gefähr-lich!

Chiyo!!

Wenn es sich irgendwie einrichten lässt, würde ich gern in Ausgabe 11 der *Sho-Comi* zusätzlich noch ein kurzes Bonuskapitel zu *Chocolate Vampire* unterbringen. Ob das klappt, steht aber noch in den Sternen (denn eigentlich war vorgesehen, dass *ChocoVamp* in dieser Ausgabe pausiert). Vermutlich würden viele meiner Leser auch gern ein Crossover von beiden Serien sehen, allerdings ... bin ich furchtbar schlecht darin, Charaktere aus verschiedenen Serien in einer Geschichte zusammen auftreten zu lassen. Oder besser gesagt, ich kann partout keine Crossover-Storys zeichnen. In Mangaform wird wohl also nichts daraus. (Lach) Eine Illustration wie oben ↑ möchte ich aber auf jeden Fall zeichnen.♡^^

Kapitel 26

Rin!!

Schlitter
Au ...!
Saug

Rin-kun!
Nicht trinken!
Schluck
Nein! Bitte nicht ...!!

Der Vampir hat das Blut des Mädchens getrunken, obwohl es einen Blutsvertrag geschlossen hat ...!
Schluchz
Hick
Schluchz
...!
Ist er tot ...?!

Haah ...
Er ist in einen Blutrausch verfallen und hat sich auf ein Opfer mit Blutspakt gestürzt.
Kishi-senpai ...
Tut mir leid, dass ich so verstört reagiert hab.
So einen Fall hab ich vorher noch nie erlebt ...
Lass uns kurz nach draußen gehen.
Das Blut von Menschen mit »Article Blood« ist für andere Vampire giftig.

Das liegt daran, dass beim Schließen des Vertrags etwas Vampirblut in den menschlichen Körper injiziert wird.
Wenn dieses daraufhin in den Körper eines anderen Vampirs gelangt, löst es dort eine Abwehrreaktion aus.
Und man kann einen Vampir, der dieses giftige Blut getrunken hat ...
... auch nicht mehr retten?

Man hat
eine winzige Zeitspanne, die das Blut benötigt, um in die Adern des Vampirs zu gelangen.

Genauer gesagt, acht Sekunden.

Wenn es in diesem Zeitraum nicht entfernt wird ...
... zerfrisst das Gift den Vampir von innen und er stirbt binnen kürzester Zeit.
Nur acht Sekunden ...? Das ist doch ...
Ja.

Das dürfte unmöglich sein.

ChocoVamp 2018!

Jetzt habe ich euch zwar alle ganz heiß auf das Bonuskapitel zu *Der purpurne Fächer* gemacht, aber mit *Chocolate Vampire* habe ich dieses Jahr auch noch richtig viel vor! ♡♡

Dank euch steigen die Verkaufszahlen langsam, aber stetig an, sodass außer der regulären Taschenbuchveröffentlichung mittlerweile auch ein paar andere Dinge in den Bereich des Möglichen gerückt sind! Habt vielen lieben Dank! ✧✧ Damit meine ich zum Beispiel eine Novel, ein Fanbook oder ein Hörspiel zur Serie! ♡ Es wäre toll, wenn das klappt! Also macht auch weiterhin fleißig Werbung und so, ja? ♡

Ich gebe mir auch nach wie vor die allergrößte Mühe, dass ihr den Spaß an der Serie nicht verliert!

Wenn Band sechs erscheint, wird es vielleicht sogar schon etwas mehr zu verkünden geben. Wer weiß? Freut euch schon mal drauf! ♡

Flump
Ver-
fluchter
Mist ...
Das war
also Kasu-
mis Plan ...!

Kasumi-
sans ...
... Plan ...?
Er wollte,
dass Rin-kun
stirbt?!

Lächel
Chiyo ...
Hn ... uh ...
!
Er weiß doch, dass ich Rin niemals sterben lassen würde.
Er hat es auf etwas anderes abgesehen.
Uuh ...
Dodomm
Dodomm

Rin-kun
...!
Sst
Es gibt nur eine Möglichkeit ...
... Rin zu retten.
Drück
Schieb

Den Bluts-
pakt … zu
lösen …?
Ah!
»Du wirst ganz
gewiss, nachdem
Setsu-kun euren
Pakt gelöst hat …
… aus freien
Stücken
zur Familie
Shirogane
kommen.«

Saug
Uh ... ah!
Leucht
Schwindel
Es fühlt sich ge-nauso an wie beim letzten Mal ...

Können wir
Rin ...
... auf diese
Weise wirklich
retten?
Gluck
Die
acht Se-
kunden ...
... sind
doch schon
längst um.
Sst
Uh ...
Plumps

Rin-kun ...
Keine Sorge.
Normalerweise würde das Blut in den Kreislauf gelangen, bevor der Vertrag vollständig gelöst ist.
Aber unser Blut unterscheidet sich von dem anderer Vampire, deshalb wird das Gift langsamer absorbiert.
Gott ... sei D...
Ich dachte schon ... er schafft's nicht ...

Mir ist so ...
schwindlig ...
Vermutlich ...
hat er mir ...
zu viel Blut
ausgesaugt ...
Pack
Reiß
dich zusammen, Chiyo!
Ich ...

... erneuere
sofort unse-
ren Pakt!
Ja ...

... bitte ...

Leck
Klack

Tapp
Tapp
Tapp

H... Himari?
Was machst du h...
!
Dieses Halsband!
Kling
Wir sind wie verspro-chen gekom-men ...
... um un-sere Beute abzuholen.

Habt ihr euch
endlich vonei-
nander verab-
schiedet?

Die Shirogane-Geschwister!!

Fächer aus Kyoto

Das Traditionsunternehmen Hakuchikudo feiert sein 300. Jubiläum!!

Free Page ③

Ich habe noch eine weitere Ankündigung zu *Der purpurne Fächer!* Entschuldigung an alle, ie die Serie gar nicht gelesen haben! Der Fächerhersteller Hakuchikudo aus Kyoto, mit dem ich ır *Der purpurne Fächer* zusammengearbeitet habe, wird dieses Jahr sage und schreibe 300 ahre alt! ♡ Herzlichen Glückwunsch! 300 Jahre ...! Damit gilt man ja schon als Legende! Und ie durch ein Wunder feiert die *Sho-Comi* im selben Jahr ihr 50. Jubiläum! Aus diesem Grund wird s eine weitere Kollaboration von Hakuchikudo und *Der purpurne Fächer* geben!

(Der Fächer von Ryo nach meinem Original-Design sowie die Fächer von Miku und Sakura sind übrigens immer noch erhältlich! Ihr könnt sie online bestellen oder direkt im Laden kaufen. ♡

Streng limitiert!

Eine weitere Fächer-Kollaboration!

Es wird einen weiteren von mir designten Fächer zur Serie geben, im Set mit einem dazu passenden Täschchen! Ich bin ein wenig besorgt, weil insgesamt nur 150 Stück davon hergestellt werden.

Es steht auch noch kein Termin fest, ab wann das Fächerset erhältlich sein wird, also behaltet meinen Twitter-Account im Auge, wo ihr zu gegebener Zeit alle nötigen Infos finden werdet!

Kapitel 27

Na, habt
ihr uns ver-
misst?

Wir sind
hier, um un-
sere Beute
abzuholen.

Die Shirogane-Geschwister!
Schwindel
くらぁ。
Mist ...!
Setsu und ich sind nicht mehr durch »Article Blood« verbunden. Und ich hab zu viel Blut verloren. So kann ich nicht kämpfen ...

Hinzu kommt, dass Rin-kun meine Waffe zerstört hat ...
Setsu ist selbst ... schwer verletzt ...
Und vor allem ...
... haben sie Himari in ihrer Gewalt!

コツ
Tock
コツ
Tock
Ich habe wie versprochen dafür gesorgt, dass Setsu und Chiyo-chan ihren Blutsvertrag auflösen.
Also haltet das Mädchen aus unserem Deal heraus.

Kasumiii!!

Warum hast du uns verraten?!
Sag's mir!
Du hast gesagt, du würdest Chiyo beschützen!

War das etwa gelogen?!
Kasumi!!
Grins
Grins
Ja, das hab ich gesagt.
Hey, was wird das? Ein Streit unter Brüdern?

Aber zu diesem Zeitpunkt ...
... waren uns die Shiroganes schon zuvorgekommen.
Als ich damit begann, Gegenmaßnahmen einzuleiten, war es bereits zu spät.
Das Gift ist mittlerweile auf dem gesamten Campus verteilt.
Das Einzige, was Raika, Rin und all die anderen Vampire, die im Blutrausch gerade furchtbare Qualen leiden, jetzt noch retten kann ...

... ist das
Gegengift, das
sich im Besitz
der Familie Shiro-
gane befindet.

Das Gift, das von ihnen in Umlauf gebracht wurde, bewirkt, dass die Blutmenge im Körper beständig abnimmt.
Vampire, die 30 % ihres ursprünglichen Blutvolumens eingebüßt haben, fallen in einen Blutrausch.
Und du weißt ...
... was passiert, wenn man auch dann noch keine Therapie einlei-tet, oder?

...!
Sie sterben an Blutmangel ...
So wie die Dinge momentan stehen ...
... hält keiner von ihnen bis zum Morgengrauen durch.

Tut mir
leid ...

Ich erwarte nicht, dass ihr mir verzeiht.
Wuschel
Meine Vorgehensweise war zu rücksichtslos.

Aber du hättest niemals zugestimmt ...
Uh ... uuh ...
... wenn ich dich darum gebeten hätte, den Blutsvertrag mit Chiyo-chan zu lösen und sie den Shiroganes auszuliefern.
zack
Schnauf
Schnauf

Die Kussszenen

Bei Setsu und Chiyo geht es zwar nur im Schneckentempo voran, trotzdem habe ich mir vorgenommen, den Liebesfaktor nicht zu kurz kommen zu lassen. Deshalb versuche ich, in jeden Band mindestens eine Kussszene einzubauen. Dabei wird hoffentlich deutlich, dass die beiden sich mit jedem Kuss ein klein wenig näherkommen.

In den ersten fünf Bänden habe ich es auch tatsächlich geschafft, je mindestens eine Kussszene zu zeichnen. (Lach)

Ab Band sechs kann ich allerdings für nichts garantieren! Ja, vor allem in Band sechs dürfte es schwierig werden. 💧💧 Also betet lieber dafür, dass es mir irgendwie gelingt. (Lach) Ich hoffe, dass die nächsten Küsse zunehmend romantischer werden! Aber bei Setsu und Chiyo weiß man leider nie. (Lach)

Ich hätte dir nicht zugetraut, dass du Rin-kuns Leben aufs Spiel set-zen würdest, um Se-tsu dazu zu bringen, den Pakt zu lösen.
Vor dir muss man sich in Acht nehmen. Wer hätte gedacht, dass du zu solch skrupellosen Mitteln fähig bist.
Kicher
Kicher
Vielen Dank, dass du für uns ...
... deinen kleinen Bruder hintergangen hast.

Duuu
...
Ich bring dich um!

Sshht
Kricks
Versteck
Sshht
!!
He he ...

Zack
Du hast dich seit damals, als du noch ein klei-ner Bengel warst, kein bisschen verändert!

Vor neun Jahren …
Quetsch
Knacks
Krk
Krack
… hab ich dich …
…!
Dosch
… genauso übel zugerichtet wie jetzt. Hast du das etwa schon vergessen?!
Rumms
Ugh!
Aaaarg!
Wumm
Dosch
Setsu …!

Hör auf!
Ich geh mit euch mit!!

Duff

J...

Jetzt sei ... doch nicht ... so dumm.

Du bist doch hier der Dummkopf.

Benimm dich gefälligst wie ein anständiger Kagarizuki, damit deine Familie sich nicht für dich schämen muss.

Mach dir keine Sorgen um mich.

Ich hau garantiert bei der erstbesten Gelegenheit ab.

Deshalb versprich mir ...

... dass du nach meiner Rückkehr ...
... wieder ...

... den
Blutspakt mit
mir schließt, ja,
Setsu?

Beiß
Hnn ...!
Chiyo!

Natürlich ...
... sorgen wir dafür, dass du nicht fliehen kannst, indem wir dich vorsorglich ...
Britzel
... per »Article Blood« an uns binden.

Meine erste Highschool-Uniform!
Ich hab keine Fangzähne, sondern vorstehende Eckzähne, klar?
Grins♡
Irgendwie ist mir das hier peinlich.
Free Page ④
Die Helden meiner letzten drei Serien im ChocoVamp-Cosplay! Schaut sie euch zusammen mit den Mädels in Band vier an!♡

Kapitel 28

»Deshalb ver-
sprich mir, dass
du nach meiner
Rückkehr ...
... wieder den
Blutspakt mit
mir schließt, ja,
Setsu?«

Chi...yo...

Chiyo!
Hnn ...!
Dodomm

Schauder
M...
Mir wird schlecht! Ein Blutspakt?!
Sein Blut ...
... bahnt sich gewaltsam ei-nen Weg durch meine Adern!
Ich spüre förmlich, wie es langsam ...
... durch meinen Körper kriecht.
Das fühlt sich völlig an-ders an als bei Setsu!

Britzel
Leck
Hn ...
uh ...

Na? Der Vertrag mit mir ...
Dreh
... fühlt sich so gut an, dass es dich glatt umgehauen hat, was?
...
Pfoten weg ...

Es fühlt sich absolut widerlich an! Ich kotz gleich!
Was ...?!
Pfffft!
Ruck
D... Du verdammtes Miststück!!

Britzel
Komm her!
Zuck
Mein Körper bewegt sich von selbst ...!
Chiyo!

Dann spiele ich eben vor den Augen des Bengels mit dir.
Das wird bestimmt lustig.
He he he!
Du verd...
...!
Stech

Die Geschwister Shirogane

Die Geschwister sind zwar durch und durch böse, aber ich wollte dafür sorgen, dass man sie trotzdem nicht hassen kann, weshalb Kou und Sumire ganz furchtbar auf den Kopf gefallen sind, während Kohaku zwar schlau, aber dafür ein echter Schlappschwanz ist. (Lach) Nur Kurumi ist irgendwie ein wenig aus der Art geschlagen ... 💧

Da die vier zu den hinterhältigsten Methoden greifen, gibt es natürlich auch Leser, die sie hassen, aber offenbar weniger, als ich dachte. Ob es mir gelingen wird, ihren Beliebtheitsgrad in den nächsten Bänden ein wenig zu steigern?

Außerdem würde ich die Shirogane-Geschwister, die Kagarizuki-Brüder und Chiyo demnächst gern einem kleinen Statusvergleich unterziehen. (´ω`) Hm, was für eine Liste könnte ich denn machen?

Ruck
Pah!
Mann, die verstehen aber auch echt keinen Spaß.
Setsu!
Wenn du dich mit mir anlegen willst, nur zu!
Aber dann drücke ich vielleicht aus Versehen diesen Knopf hier.

Siehst du das Halsband, das Nummer Sechs trägt? Damit kann ich ihren Körper unter Strom setzen ...
... und dabei das Gegenmittel in ihrer Hand augenblicklich pulverisieren.

Wenn du versuchst, das Gegengift an dich zu reißen, bevor ich ihr Halsband öffne, passiert übrigens genau dasselbe.
Also, komm nicht auf dumme Ideen.
Obwohl, so dämlich, dich in deiner gegenwärtigen Situation mit uns allen gleichzeitig anzulegen ...
... bist du ja nicht, oder, Kasumi?

Stimmt. Im Moment sind mir die Hände gebunden.

Aber ...

Tock

... wir kommen dich auf jeden Fall retten.

Chiyo-chan, sowohl für die Familie Kaga-rizuki als auch für Setsu ...
... bist du wahn-sinnig wichtig. Niemand könnte dich ersetzen.

Wir holen dich auf jeden Fall zurück.
Aber erst müssen wir sämtlichen vergifteten Vampiren auf dem Campus das Gegenmittel verabreichen.
»... bist du wahnsinnig wichtig. Niemand könnte dich ersetzen.«
Press
Nick

Pack
N... Nicht!
Chiyo ...
!
Ich hab schon wieder ver-sagt ...!

Schei-
ße ...
Uuh ...
Klammer
Streich

Lass dir ...
... so schnell wie möglich eine Bluttransfusion geben, damit deine Wunden heilen können.
Schon dich richtig und überanstreng dich nicht gleich wieder.
Schüttel
Schüttel
Nein!
Ich will kein Blut außer deinem!

Du bist voll blöd!
Wie bitte ...?!
Haah ...
Deine Unfähigkeit, klein beizugeben ...
... ist wirklich nervtötend.

Küss

Tapp
Tapp
Blödmann!
Leck

コツン
Tapp
Hah,
wie mich das
ankotzt ...!

Dann versucht mal, sie zu retten, wenn ihr könnt.
Ich bin der Einzige, der den Blutspakt mit ihr wieder lösen kann.
Ich bin ge- spannt ...

... wie ihr das schaffen wollt.
Tock
Na, das hat doch richtig Spaß gemacht!
Ha ha ha ha!
Du bist echt ein teuflisches Genie, Kohaku. ♡

Oh!
Wir sind da.
Das hier wird dein neues Zuhause ...

Der Shirogane-Campus!

Free Page ⑤

Meine ursprünglichen Entwürfe der Shirogane-Geschwister!

Damals hatten sie noch kindlichere Züge als jetzt, und man sieht, dass ich bei den Namen hin und her überlegt habe. (Lach) Die vier sind übrigens nach Farben benannt.

Kohaku → Sumire***
HS 1
Kurumi**** Sango → HS 1
Zwillingsschwester von Kohaku
Minirock + hohe Stiefel

← Kurumi sieht aus wie ein anständiger Mensch. (Lach)

Die Uniform der Jungs habe ich im Nachhinein noch ziemlich verändert. Charakterprofile habe ich mir keine ausgedacht.

SPECIAL THANKS!

→ Staff:
- Shoko Nishida
- Sayaka Kimura
- Chie Shimane

→ Management:
- Meine Mutter

→ Die *Sho-Comi*-Redaktion
→ Lektorat: Ueda-sama

→ Design: Nishino-sama
→ An alle, die an der Entstehung dieses Buches mitgewirkt haben!
→ Und alle Leser!

Bernstein« **»Purpurrot« ***»Violett« ****»Walnussbraun«

Kapitel 29

バタン
Klack

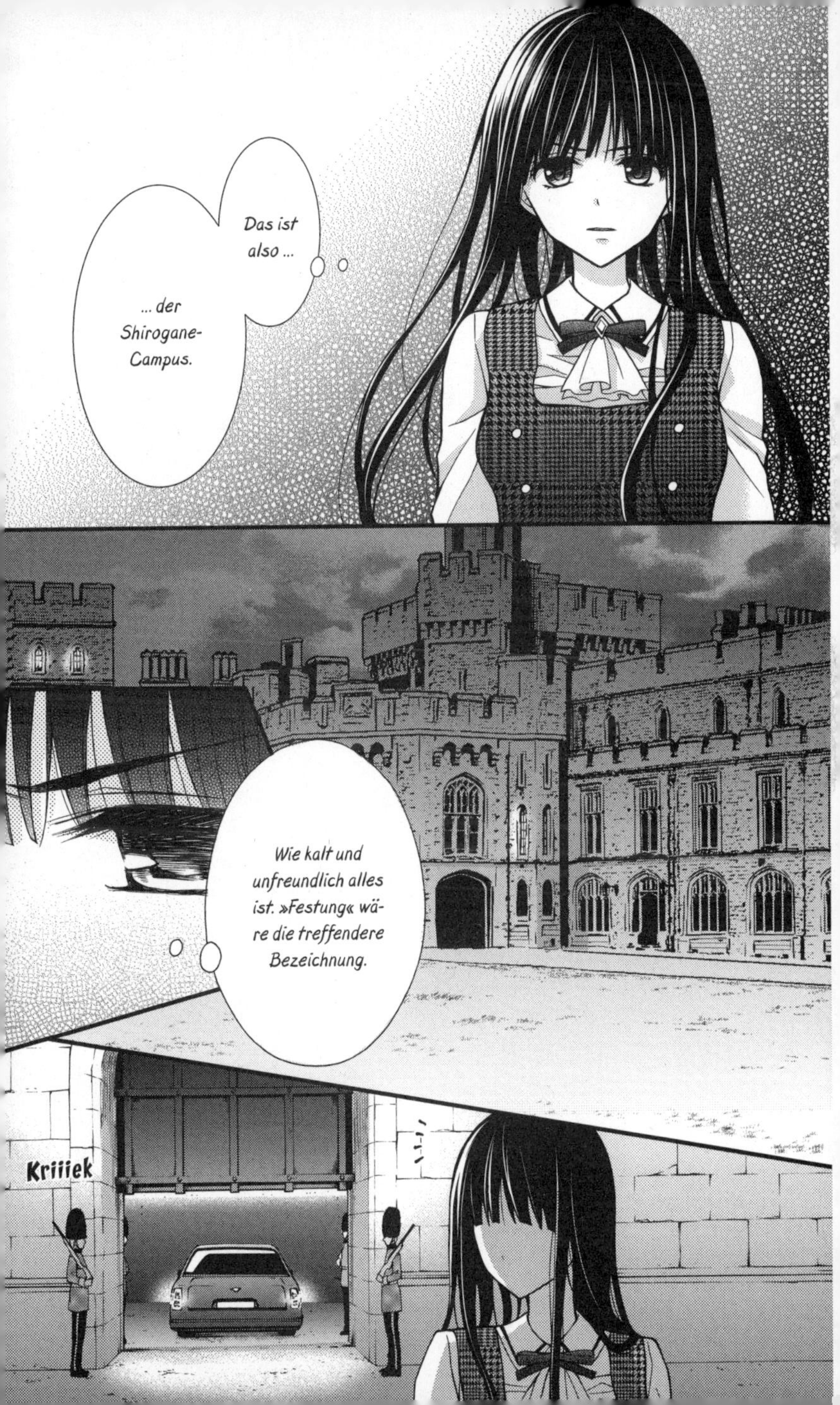
Das ist also ...
... der Shirogane-Campus.
Wie kalt und unfreundlich alles ist. »Festung« wäre die treffendere Bezeichnung.
Kriiiek

Rumms
Das gesamte Gelände ist von einer Mauer umschlossen.
Außer den Mitgliedern der Familie Shirogane darf bis zum Schulabschluss kein Schüler den Campus verlassen.

Wer versucht zu fliehen ...
... wird von einem der 200 Wachsoldaten ...
... ohne Wenn und Aber mit dem Betäubungsgewehr zur Strecke gebracht.

Selbst ohne den Blutsvertrag mit mir ...
... hättest du also nicht die geringste Chance, von hier zu entkommen.
Und dass sich eine der Kagarizuki-Ratten hier einschleicht, dürfte auch ziemlich ausgeschlossen sein.

»Wir kommen dich auf jeden Fall retten.«
Kasumi-san ...
Setsu ...
Hoffentlich hat er auf mich gehört und sich eine Bluttransfusion geben lassen.

Ich kann an nichts anderes denken als an ihn ...
Wuschel
Dabei brauche ich jetzt einen kühlen Kopf ...
... um meine eigene Lage richtig einschätzen zu können.

Quietsch
Willkommen daheim ...
... gnädige Herrschaf-ten.

Besorgt ihr sofort eine Highschool-Uniform für Menschen!
Ich will sie in fünf Minuten umgezogen sehen!
Wie Sie wünschen, gnädiger Herr.
Hier entlang.
Hä?!
Klack
Tock

Schlimmer geht's nicht.
Ooh!
Gar nicht schlecht!
Als Nächstes ...
... bringen wir dich zu unserem alten Herrn.

Hey, Alter! Wo steckst du?!
Ihr Vater ...? Das Familienoberhaupt der Shiroganes?!
Der Mistkerl, der Himari und mich als Futter für seine Kinder gezüchtet hat ...!
Wenn ich ihn sehe, bring ich ihn um!!
Hey, lös vorher kurz den Pakt mit ihr ...
... damit ich auch mal ihr Blut trinken kann!
Hä? Hab keinen Bock.

Adresse für Briefe:

Kyoko Kumagai
c/o Shogakukan
»*Sho-Comi*-Redaktion«
2-3-1 Hitotsubashi,
Chiyoda-ku 101-8001
Tokyo, Japan

Twitter:

@kumakyo__

Blog:

kumakyo.blog59.fc2.com

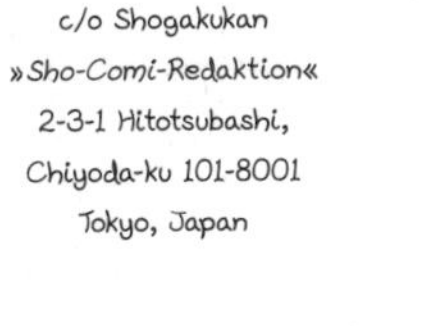

Das Nachwort findet ihr dieses Mal am Ende des Buches nach dem Bonuskapitel!

Wie hat denn ihr Blut überhaupt geschmeckt?

Das war bestimmt total lecker, oder?!

Ihr Blut ...?

Äh ...

Ja, hat geschmeckt ... glaub ich ...

Wie bitte?!

Hm, wie soll ich sagen ...?
Irgendwie kam mir der Geschmack so bekannt vor.
? ?
Batsch
Sag mal, wie blöd bist du eigentlich?!
Das ist doch wohl logisch! Immerhin ist sie mit Nummer Sechs verwandt!
Ey!!
Das weiß ich selbst, du hässliche Kuh!
Ach ja?! Da bin ich mir nicht so sicher!

Blut ...
... riecht gut ...
Tropf
Sabber
Tropf

Tapp
Tapp
...?
Schnupper
Schnupper
?!

Hey!

Übri-
gens ...
... Kou ...
Ach
nichts. Ist
schon gut.
Setsu-
kun hat genau-
so geflennt wie
damals, oder?

Oh! Du meinst ...
... vor neun Jahren?!
Wie er sich an seine Liebste geklammert und sie angefleht hat, ihn nicht zu ver-lassen!
Gacker
Kya ha ha!
Oh Gott, hör bloß auf!

Vor neun Jahren ...?
War das an dem Tag ...
... an dem ihr meine Adoptiveltern umgebracht habt?
Ach ja ...
Du bist vor lauter Schock ohnmächtig geworden, als du die Leichen gesehen hast.

Mir hat man lediglich gesagt, dass die Kagarizuki-Jungs euch in die Flucht geschlagen haben.
Ist zwischen ihm und Setsu irgendwas vorgefallen?
»Vor neun Jahren hab ich dich genauso übel zugerichtet wie jetzt. Hast du das etwa schon vergessen?!«
Na ja ...
... damals waren wir halt selbst noch klein und schwach.
Gegen die zwei ältesten Brüder hatten wir keine Chance.
Und Kurumi konnte sich nicht rühren, weil sie vollgefressen war.

Aber gegen den Zwerg haben wir nicht verloren!
Als wir dich wegtragen wollten, hat er sich uns allein entgegengestellt.
Da haben wir ihn ordentlich gequält, aber dann sind plötzlich seine beiden Brüder aufgetaucht.
Dabei hat nicht mehr viel gefehlt ...

Tock

Du sagst ...
... ihr habt ihn gequält?! Wie sehr?! Wie schlimm war er verletzt?!
Hä? Was fragst du so blöd?
Tss!
Ungefähr doppelt so schlimm wie heute.
Das kann doch nicht ...

Kicher
Kicher
Das lässt sich auch nur schwer sagen.
Er war ja voller Blut und hat geheult wie ein Schloss-hund.
Seine Kraft hat gerade noch dazu gereicht, sich an Kous Hosenbein zu klammern.
Na? Die Wahrheit ist ganz schön erbärmlich, was?

Press

Hey, wag es nicht, dich gegen deinen Herrn aufzulehnen!
Pack
Wank
Zurück!!

Kayaaaaah!
Komisch …
Der Pakt ist wirkungs-los.
Chocolate Vampire 5 / Ende

Special Bonuskapitel
Jeder der Kagarizuki-Brüder ...
... hat mehrere Fanklubs.
Deshalb ...
... werde ich manchmal von Mädchen umringt.

Was wollt ihr?
Raus mit der Sprache, ich hab nicht viel Zeit.
Ängstlich
E... Es geht um ...
... Setsu-kun ...
Mag ja sein, dass du ihn schon von klein auf kennst ...
... aber es ist richtig gemein, wie herablassend du ihn immer behandelst!
Rausplatz
Dabei hat er nur Augen für dich! Was hast du eigentlich für ein Problem mit ihm?!
Erbarm dich endlich und werd seine Freundin!
Wenn ich daran denke, wie sich Setsu-kun fühlen muss! Einfach unerträglich!
Zeter
Zeter
Haah ...

Dann erzählt mir doch mal ...
... was ihr machen würdet, wenn euch ein Typ, von dem ihr nichts wollt, dauernd anbaggert?
Würdet ihr aus Mitleid mit ihm gehen?
Was ...?
Und genauso geht's mir mit ihm.
Außerdem hab ich ohnehin null Interesse an Beziehungen!
Tapp
Schnief
Du bist echt blöd, Chiyo-chan.
Du sagst vielleicht, dass du mich nicht willst ...
Wie gemeeein!
Schluchz

Hepp
... aber in Wahrheit stehst du doch auf mich, oder?
Klack
Blamm
Blamm

Blamm
Blamm
Ich hab dir verboten, mich anzufassen, außer wenn du Blut saugst!
Blamm
Ach, du bist immer so schüchtern! ♡♡
Kyahaaa!
Irgendwie ...
Lass dich gefälligst treffen!
Happs
... hab ich den Eindruck, dass die beiden sogar noch mehr Spaß haben als normale Pärchen ...
I... Ich kill dich!!
Special Bonuskapitel / Ende

Free Page 6
Nachwort
Weil sie in diesem Band keine Gelegenheit dazu hatten, schmusen die beiden hier noch ein bisschen.♥ (Lach)
Band sechs erscheint voraussichtlich in vier Monaten!
Bis bald! ♡
Chiyo ist jetzt also bei den Shiroganes. Wann werden sie und Setsu wo
das nächste Mal aufeinandertreffen und Gelegenheit zum Kuscheln habe
(Lach) Da die Beziehung der beiden sich inzwischen ein wenig weiterentw
ckelt hat, werden Szenen wie die im Bonuskapitel auf der rechten Seite
in Zukunft vermutlich seltener werden. Aber da sie nach wie vor zwei Str
hähne sind, hoffe ich, ihr freut euch schon darauf, herauszufinden, wesw
sie sich von nun an in die Haare kriegen werden, während sie langsam ih
Liebe zueinander wiederentdecken.♡
Also dann, bis Band sechs!

TOKYOPOP GmbH
Hamburg

TOKYOPOP
2. Auflage, 2021
Deutsche Ausgabe/German Edition

Aus dem Japanischen von Anne Klink

CHOCOLATE VAMPIRE 5 by Kyoko KUMAGAI

Original Japanese edition published by SHOGAKUKAN.
German translation rights arranged with SHOGAKUKAN through The Kashima Agency.

Redaktion: Natalie Wormsbecher
Lettering: Vibrant Publishing Studio
Herstellung: Manuela Mau, Shujun Wong
Druck und buchbinderische Verarbeitung:
CPI–Clausen & Bosse GmbH, Leck
Printed in Germany

Wir achten auf die Umwelt.
Dieses Produkt besteht aus FSC®-zertifizierten und anderen kontrollierten Materialien.

ISBN 978-3-8420-4882-9

www.tokyopop.de

CHOCOLATE VAMPIRE 6.5
OFFIZIELLES FANBOOK – ROUGE

Kyoko Kumagai

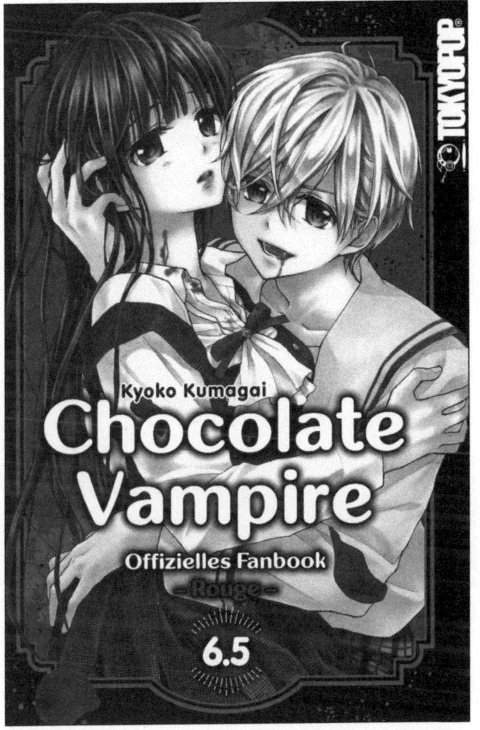

Süßer als Schokolade!

Dieses erste offizielle Fanbook zu *Chocolate Vampire* umfasst die ersten sechs Bände und gibt Einblick in die Welt und die Entstehung der Erfolgsserie! Es erwarten euch bisher unveröffentlichte Infos zu den Charakteren, ein Interview mit der Autorin, eine Galerie mit bisher unveröffentlichten Farbillustrationen, Charaktertests und vieles mehr – ein Muss für jeden Fan!

HOCOLATE VAMPIRE – LIGHT NOVEL
DAS GEHEIMNIS DER FAMILIE KUROYURI
Kyoko Kumagai

Die Droge in den totalen Wahnsinn ...

Das Menschenmädchen Chiyo und der Vampir Setsu haben als Kinder einen Blutspakt geschlossen. Inzwischen groß geworden, besuchen die beiden eine Schule, an der Vampire und Menschen gemeinsam unterrichtet werden. Dort geht neuerdings das Gerücht über eine gefährliche Droge namens »Spice« um. Diese soll die Kräfte der Blutsauger schlagartig verbessern. Als Mitglied der Campus-Sicherheitstruppe wird Chiyo mit der Untersuchung beauftragt. Doch plötzlich entführen Unbekannte Setsus Bruder! Hat der Täter etwas mit der Droge zu tun ...?

www.tokyopop.de

HOFFNUNGSSCHIMMER

Kyoko Kumagai

»Bevor ich dir begegnet bin, hatte ich noch nie solches Herzklopfen.«

Mika ist 16 Jahre alt und scheut sich nicht, die Initiative zu ergreifen und einem Jungen, in den sie verknallt ist, eine Liebeserklärung zu machen. Obwohl sie gerade erst einen Korb bekommen hat, versucht sie ihr Glück bei Sota, dessen herzerwärmendes Lächeln sie um den Verstand bringt. Sie fühlt, dass er etwas Besonderes ist. Doch Mikas Brüder setzen alles daran, sie in Verlegenheit zu bringen ... Diese und vier weitere süße Kurzgeschichten von Kyoko Kumagai (*Miyako – Auf den Schwingen der Zeit*) in einem Band!

www.tokyopop.de

STOPP!

Dies ist die letzte Seite des Buches!
Du willst dir doch nicht den Spaß verderben und das Ende zuerst lesen, oder?

Um die Geschichte unverfälscht und originalgetreu mitverfolgen zu können, musst du es wie die Japaner machen und von rechts nach links lesen. Deshalb schnell das Buch umdrehen und loslegen!

So geht's:

Wenn dies das erste Mal sein sollte, dass du einen Manga in den Händen hältst, kann dir die Grafik helfen, dich zurechtzufinden: Fang einfach oben rechts an zu lesen und arbeite dich nach unten links vor.
Viel Spaß dabei wünscht dir TOKYOPOP®!